BEI GRIN MACHT SICH IHR WISSEN BEZAHLT

AF150196

- Wir veröffentlichen Ihre Hausarbeit,
  Bachelor- und Masterarbeit

- Ihr eigenes eBook und Buch -
  weltweit in allen wichtigen Shops

- Verdienen Sie an jedem Verkauf

Jetzt bei www.GRIN.com hochladen und kostenlos publizieren

Tobias Bergemann

Szenenanalyse Nathan der Weise 1. Aufzug/1. Auftritt

GRIN Verlag

Bibliografische Information der Deutschen Nationalbibliothek:

Die Deutsche Bibliothek verzeichnet diese Publikation in der Deutschen National-
bibliografie; detaillierte bibliografische Daten sind im Internet über http://dnb.d-
nb.de/ abrufbar.

Impressum:

Copyright © 2013 GRIN Verlag GmbH
Druck und Bindung: Books on Demand GmbH, Norderstedt Germany
ISBN: 978-3-656-62683-1

Dieses Buch bei GRIN:

http://www.grin.com/de/e-book/270867/szenenanalyse-nathan-der-weise-1-aufzug-
1-auftritt

GRIN - Your knowledge has value

Der GRIN Verlag publiziert seit 1998 wissenschaftliche Arbeiten von Studenten, Hochschullehrern und anderen Akademikern als eBook und gedrucktes Buch. Die Verlagswebsite www.grin.com ist die ideale Plattform zur Veröffentlichung von Hausarbeiten, Abschlussarbeiten, wissenschaftlichen Aufsätzen, Dissertationen und Fachbüchern.

Besuchen Sie uns im Internet:

http://www.grin.com/

http://www.facebook.com/grincom

http://www.twitter.com/grin_com

Szenenanalyse
Nathan der Weise

Von Tobias Bergemann

Bei Nathan der Weise handelt es sich um ein dramatisches Gedicht, das 1779 von Gotthold Ephraim Lessing verfasst und am 14. April 1783 in Berlin uraufgeführt wurde. Das Stück lässt sich der literarischen Epoche der Aufklärung zuordnen. Hintergrund des Dramas war eine religiöse Auseinandersetzung mit dem Hamburger Pastor Johann Melchior Goeze, die dazu führte, dass gegen Lessing ein Publikationsverbot für all seine Werke, die das Gebiet der Religion umfassen, verhängt wurde. In Reaktion auf diesen Streit schrieb Lessing das Drama Nathan der Weise und versuchte dort seine Vorstellungen über die Kirche und den Gottesglauben zu integrieren. Die Ringparabel mit der Frage nach der „wahren Religion" steht hierbei im Mittelpunkt der Handlung.

Die Handlung des Dramas spielt zur Zeit der Kreuzzüge in Jerusalem. Sie beginnt mit der Rückkehr Nathans von einer Geschäftsreise und dem darauffolgenden Gespräch mit seiner Haushälterin Daja. Sie berichtet Nathan von dem Brand in seinem Haus und dass seine Tochter von einem Tempelherrn aus dem Feuer gerettet wurde. Es handelt sich hierbei um einen Erkundungsdialog zwischen Nathan und Daja. Recha und der Tempelherr werden nur erwähnt. Die Handlung findet in Nathans Haus statt.

Als Nathan von seiner Geschäftsreise zurückkehrt, wird er schon sehnlichst von seiner Gesellschafterin Daja erwartet. Das darauffolgende Gespräch lässt sich in vier Dialogphasen unterteilen, in denen verschiedene Themen besprochen werden. In der ersten Phase scheint Daja sehr erleichtert darüber, dass der Kaufmann endlich wieder zuhause ist, was sie in den ersten beiden Zeilen durch ihre überschwängliche Begrüßung „Gott sei ewig Dank/Dass ihr doch endlich einmal wiederkommt" zum Ausdruck bringt. Dies wird zudem durch Ausrufe („Oh, Nathan, Z. 13) und die eindringliche Wiederholung des Adjektivs „elend" in Zeile 14 unterstützt, während sie von dem Brand in Nathans Haus berichtet. Das scheint diesen jedoch wenig zu kümmern, da er von diesem Ereignis bereits gehört hat. Als er jedoch erfährt, dass sich seine Tochter Recha in dem brennenden Haus befand, ist es mit seiner Ruhe schlagartig vorbei. Durch elliptische Fragen in Zeile 25 („Verbrannt? wer? meine Recha? sie?") bringt er seine Besorgnis und Erschütterung zum Ausdruck und verstärkt diese durch die vierfache Wiederholung des Wortes „verbrannt" (Z. 25 ff.). Auffällig ist hierbei die Verwendung von Emjambements, welche die einzelnen Verse verbinden und Nathans Rede so dramatisieren und beschleunigen. Durch eine rhetorische Frage (Z. 32/33) schafft es Daja schließlich, Nathan zu beruhigen, woraufhin dieser durch den doppelten Ausruf „O Recha/O meine Recha" (Z.35/36) seine Erleichterung darüber zum Ausdruck bringt, dass seiner

Tochter nichts passiert ist. Daja lenkt das Gespräch nun auf Rechas Herkunft, jedoch scheint es, als würde Nathan zunächst nicht bemerken, worum es ihr eigentlich geht. Als Daja in Zeile 54 aber ihr schlechtes Gewissen anspricht, wird deutlich, dass sie sich um die Erziehung Rechas sorgt, weil diese nicht christlich erzogen wird. Durch den doppelten Sprecherwechsel ab Zeile 54 bringt der Autor das Aneinandervorbei-Reden zum Ausdruck. Während Daja von ihrem Gewissenkonflikt berichtet, erzählt Nathan von den Geschenken, welche er Recha machen möchte. Sein stetiger Versuch das Gespräch auf ein anderes Thema zu lenken endet schließlich in einer Bestechung („Nimm du so gern, als ich dir geb': - und schweig", Z. 74). Daja gehorcht dieser in Zeile 83 nochmal wiederholten Aufforderung, weist jedoch jegliche Schuld von sich und schiebt die Verantwortung auf Nathan (Z. 85 ff.).

Ab hier beginnt die dritte Dialogphase, in der Daja die Ereignisse, die seit dem Brand im Haus geschehen sind, schildert. Dies führt dazu, dass sie nun die größeren Redeanteile hat und Nathan sich mit kurzen Einwürfen begnügt. Als Daja in Zeile 110 jedoch von Rechas Retter erzählt, kommt es zu einem ergreifenden Wortwechsel. Durch eine Vielzahl an elliptischen Fragen („Wer war das? wer? – wo ist er?", Zeile 115) bringt Nathan seine Aufregung bzw. seine Ungeduld zum Ausdruck. Dies wiederholt sich in gleicher Weise ab Zeile 129, nachdem ihm Daja erzählt hat, dass Recha von einem Tempelherrn, der kurz zuvor vom Sultan Saladin begnadigt wurde, aus den Flammen gerettet wurde. Ab Zeile 134 beginnt Nathan sich wieder zu beruhigen und Daja kann mit ihrer Erzählung fortfahren.

Durch ihre Frage „Ihr Staunt? Ihr sinnt?" (Z. 167) beginnt der letzte Dialogabschnitt, bei der die beiden Figuren nun ihre Rollen tauschen. Nathan erzählt jetzt in längeren Redepassagen von seinen Gedankengängen über die Reaktion Rechas auf den Brand und das mutige Verhalten des Tempelherrn. Im Gegensatz zu seinen Gefühlsausbrüchen aus den vorherigen Zeilen, verhält er sich nun ruhig und verwendet lange Satzgefüge (Z. 176-179). Seine Vermutung, dass Recha regelrecht vom Tempelherrn schwärmt, da sie dieser gerettet hat, wird von Daja bestätigt. Sie berichtet, dass Recha sich von einem Engel gerettet glaubt. Dies veranlasst Nathan dazu, sie damit zu beauftragen Recha zu holen und ein Gespräch mit dem Tempelherrn auszumachen. Nathan will seine Tochter von ihrem „süßen Wahn" (Z. 196) heilen, indem er sie mit der „süßen Wahrheit" (Z. 208) bekehrt.

Betrachtet man die detaillierte Charakterisierung der Figuren, so lässt sich feststellen, dass schon zu Beginn des Dramas die positiven Eigenschaften vom Kaufmann Nathan hervorgehoben werden. Dieser ist ein erfolgreicher, jüdischer Geschäftsmann, der keinen großen Wert auf materielle Dinge legt. So reagiert er sehr gelassen auf die Nachricht, dass sein Haus abgebrannt sei und erklärt gleichgültig, dass man eben einfach ein Neues bauen werde (Z. 20/21). Zudem betrachtet er seinen Reichtum nicht als eigenen Verdienst, sondern ist überzeugt davon „Natur und Glück" (Z.45) hätten ihm zu diesem verholfen. Dafür wird deutlich, dass er ein sehr fürsorglicher und liebender Vater ist, da er sich über die Nachricht, dass sich seine Tochter Recha in dem brennenden Haus befand, zutiefst erschrocken zeigt (Z. 25-31). Nach dieser Nachricht, begegnet er Daja im weiteren Gespräch sehr emotional und aufgewühlt und fragt überschwänglich nach dem Retter Rechas („Wer war das? wer? – Wo ist er?/Wer rettete mir meine Recha? wer?", Zeile 115/116). Desweiteren verhält er sich sehr spendabel gegenüber Daja, wie diese in den Zeilen 71/72 anmerkt: „So seid ihr nun!/Wenn ihr nur schenken könnt! nur schenken könnt!". Es stellt sich jedoch heraus, dass diese Großzügigkeit nicht nur seinem freundlichen Charakter zuzuordnen ist, sondern durchaus auch einen weiteren Hintergrund hegt. Er kauft sich dadurch Dajas Schweigen, weil er befürchten muss, dass er Recha verliert, wenn herauskommt, dass diese eine Christin und somit gar nicht seine leibliche Tochter ist. Dies erfährt der Leser zwar erst sehr viel später, jedoch lässt sich in dieser ersten Szene bereits eine Andeutung darauf erkennen, als Daja in Zeile 64/65 klarstellt: „Was hilfts? Denn mein Gewissen, muss ich Euch/Nur sagen, das lässt sich länger nicht betäuben.". Trotz dieses affektiven und irrationalen Verhaltens zeigt sich Nathan im weiteren Verlauf der Szene als ein Mann, mit einer sehr rationalen Weltsicht, die stets auf das Diesseits gerichtet ist. So erklärt er, dass er es verstehen kann, wenn sich Recha diesem „süßen Wahn" (Z. 196) hingibt, sieht es jedoch als seine Pflicht an, diesen Wahn durch die Wahrheit zu ersetzen. An diesem Verhalten wird auch seine optimistische Grundhaltung sichtbar, da er davon überzeugt ist, dass sich alles zum Guten wenden wird.

Die Figur der Daja beschreibt Lessing als eine sehr starke und mutige Frau, die nicht davor zurückschreckt, Nathan zu belehren und sein Verhalten zu kritisieren. Dass sie keinen Konflikt mit ihrem Arbeitgeber scheut wird besonders ab Zeile 54 deutlich, wo sie ihre Bedenken darüber äußert, dass Recha nicht christlich erzogen wird. Durch diese Zweifel lässt Lessing den Leser erstmals erahnen, dass Daja eine streng gläubige Christin ist, was sich im späteren Handlungsverlauf herausstellte. Sie wird als sehr dickköpfig dargestellt und scheint von Grund auf negativ auf das Judentum gesinnt zu sein. Dies wird durch die Aussage Nathans in Zeile 79/80 („Doch bin ich nur ein Jude. – Gelt,/Das willst du damit sagen?"), welche sie nicht verneint oder bestreitet, offenkundig. Ihre enge Verbundenheit zum Christentum ist auch der Grund, weshalb sie den Tempelherrn im Gegensatz zu Nathan nicht kritisch betrachtet und in Zeile 135 als „fromme Kreatur" beschreibt. Es scheint sie zudem tieftraurig zu machen, dass der Tempelherr ihren Dank nicht annehmen wollte und sie, auch beim mehrmaligen Versuch ihm zu danken, verspottete (Z.157).

Trotz ihrer grundverschiedenen Religionsauffassung im Vergleich zu Nathan, hat sie ein gutes Verhältnis zu diesem. Das ist auch der Grund, warum sie sich in den ersten beiden Zeilen so überschwänglich über seine Rückkehr freut, da sie sich offenbar schon Sorgen um ihn gemacht zu haben scheint. Zudem ist Daja Nathan für seine Großzügigkeit ihr gegenüber sehr dankbar. Außerdem hält sie ihn trotz seiner Lüge bezüglich der Herkunft und Religion Rechas für einen sehr ehrlichen Menschen, was sie in Zeile 76/77 mit der Aussage „Wer zweifelt, Nathan, dass ihr nicht/Die Ehrlichkeit, die Großmut selber seid?" klarstellt.

Die erste Szene dieses Dramas hat eine wichtige Funktion in dem Stück, da durch ihren Expositionscharakter der Ausgangspunkt der Handlung deutlich wird. Zudem deutet Lessing bereits hier erstmals darauf hin, dass Recha nicht die leibliche Tochter von Nathan ist und neben diesem nur ihre Erzieherin Daja von dieser Lüge weiß.

Das Stück Nathan der Weise entspricht im Aufbau dem Modell des klassischen Dramas von Gustav Freytag. Es wird als geschlossene Form bezeichnet, da es in fünf Akte untergliedert ist, wobei sich die Handlung in den ersten drei Akten nach und nach steigert und ab dem Höhepunkt am Ende des dritten Aktes wieder fällt. Zur Kennzeichnung von Nathan der Weise als klassisches Drama tragen zudem die Emjambements, rhetorischen Fragen und Satzbrüche bei. Ein weiteres wichtiges Merkmal sind die wenigen Regieanweisungen und der stets verwendete Blankvers (fünfhebiger Jambus). Keine einheitliche Auffassung gibt es dagegen über die Gattung, welcher Nathan der Weise zuzuordnen ist, da Lessings Drama sowohl Elemente der Tragödie, als auch der Komödie verwendet. Dafür, dass es sich bei

Nathan der Weise um eine Komödie handelt, spricht, dass Lessings Drama für ein allgemeines Publikum geschrieben wurde und die Oberschicht der Gesellschaft teilweise kritisiert. Zudem weist das Stück einen versöhnlichen Ausgang auf. Allerdings lassen sich auch Elemente der Tragödie erkennen, so zum Beispiel die gehobene Sprache in Blankversen. Die Gemeinsamkeit der beiden besteht darin, dass Lessing die Menschen in ihrer Ansicht über die Religionen belehren und zur Aufklärung dieses Konflikts beitragen wollte. Lessing selbst bezeichnete sein Werk deshalb als dramatisches Gedicht, bei dem die Ringparabel mit der Frage nach der „wahren Religion" im Mittelpunkt der Handlung steht.

Abschließend ist nach eingängiger Analyse der Dramenszene festzuhalten, dass Lessing die Eigenschaften der beiden Protagonisten ihrem Verhalten widersprüchlich gegenüberstellt. So lebt der als ehrlich beschriebene Nathan mit einer großen Lüge über seine Ziehtochter und scheint bei dieser Angelegenheit seine sonst so rationale Weltansicht und die damit verbundene Wahrheit verdrängen zu wollen. Die strenge Christin Daja derweil lebt im Haus eines Juden, von dem sie zudem noch sehr viel hält und dem sie zu großem Dank verpflichtet ist. Es scheint von Anfang an klar zu sein, dass Nathan nicht ewig vor der Wahrheit und der Tatsache, dass Recha eine Christin und nicht seine leibliche Tochter ist, weglaufen kann und ihr früher oder später die Wahrheit beichten muss. Der Konflikt der daraus entstehen könnte ist absehbar, verschärft wird er zudem durch die Tatsache, dass Recha ausgerechnet durch einen Christen gerettet wurde, welcher der Hinrichtung durch einen Muslimen entgangen ist. Die langsam steigende Handlung dürfte auf dem Höhepunkt enden, wenn die Personen, welche die drei Religionen verkörpern, erstmals verbal aufeinandertreffen und die Wahrheit über ihre Beziehungen zueinander offenlegen.
Dieser entstehende Religionskonflikt ist es, den Gotthold Ephraim Lessing mit seinem Stück Nathan der Weise ansprechen und thematisieren wollte. Da es ihm seit seinem Streit mit dem Pastor J. M. Goeze verboten war, öffentliche Schriften mit dem Thema der Religion zu verfassen, wählte er den Weg, diese Auseinandersetzung über die Figuren eines Theaterstücks austragen zu lassen. Das Ziel seines Stückes war es, die Menschen darüber aufzuklären, dass im Grunde alle Religionen die gleiche Grundansicht besitzen und enger verwandt sind, als bis dahin viele glauben oder zugeben wollten.